Човни

Автор Кім Сімончіні
Ілюстратор Джон Роберт Азуело

Library For All Ltd.

Library For All — це австралійська некомерційна організація, яка має місію зробити знання доступними для будь-кого за допомогою інноваційного цифрового бібліотечного рішення. Відвідай наш сайт libraryforall.org

Човни

Це видання опубліковано у 2022 році

Опубліковано Library For All Ltd
Електронна пошта: info@libraryforall.org
URL-адреса: libraryforall.org

Оригінальні малюнки Джон Роберт Азуело

Човни
Сімончіні, Кім
ISBN: 978-1-922918-27-7
SKU03449

Човни

За допомогою
човнів ми можемо
подорожувати
по воді.

Існує багато
видів човнів.

Каное

Пасажирський паром

Рибальські човни

Вітрильні човни

Буксирні судна

Контейнеровози

Круїзні судна

Які човни
подобаються
тобі найбільше?

Скористайся цими запитаннями, щоб обговорити книгу з сім'єю, друзями і вчителями.

Чому тебе навчила ця книга?

Опиши цю книгу одним словом. Смішна? Моторошна? Кольорова? Цікава?

Що ти відчуваєш після прочитання цієї книги?

Яка частина цієї книги найбільше тобі сподобалась?

Завантажуй наш додаток для читання
getlibraryforall.org

Про автора

Кім Сімончіні — доцент кафедри ранньої дошкільної та початкової освіти в Університеті Канберри, Австралія. Кім виросла в місті Кернс, штат Квінсленд, та насолоджується роботою в Папуа Новій Гвінеї, бо та нагадує їй про дитинство. Кім обожнює читати і вірить, що всі діти мають право читати значущі з точки зору культури книги.

Тобі сподобалась ця книга?

В нас є ще сотні унікальних оповідань, ретельно відібраних фахівцями.

Щоб забезпечити дітей у всьому світі доступом до радості читання, ми тісно співпрацюємо з авторами, педагогами, консультантами в сфері культури, представниками влади та неурядовими організаціями.

Чи відомо тобі?

Ми досягаємо глобальних результатів у цій царині, дотримуючись Цілей сталого розвитку Організації Об'єднаних Націй.

.

www.ingramcontent.com/pod-product-compliance
Lightning Source LLC
Chambersburg PA
CBHW042345040426
42448CB00019B/3414